我的读书记录本

邓咏秋　王　媛　编

姓名：_____

班级：_____

学校：_____

国家图书馆出版社

图书在版编目（CIP）数据

我的读书记录本 / 邓咏秋，王媛编 . — 北京：国家图书馆出版社，2020.10
（2021.12 重印）

ISBN 978-7-5013-7028-3

Ⅰ.①我… Ⅱ.①邓… ②王… Ⅲ.①读书方法 Ⅳ.① G792

中国版本图书馆 CIP 数据核字（2020）第 144215 号

书　　名	我的读书记录本
著　　者	邓咏秋　王　媛　编
责任编辑	邓咏秋
封面设计	德铭文化 + 邢毅

出版发行	国家图书馆出版社（北京市西城区文津街 7 号　100034）
	（原书目文献出版社　北京图书馆出版社）
	010-66114536　63802249　nlcpress@nlc.cn（邮购）
网　　址	http://www.nlcpress.com
排　　版	九章文化
印　　装	北京金康利印刷有限公司
版次印次	2020 年 10 月第 1 版　2021 年 12 月第 2 次印刷

开　　本	710×1000　1/16
印　　张	6
字　　数	22 千字
书　　号	ISBN 978-7-5013-7028-3
定　　价	24.00 元

关于这个笔记本

　　这是一个阅读记录本，不同于市面上常见的"好词好句"摘抄本，这个本子旨在提高你阅读一本书的能力。具体来说，它介绍了读书和记笔记的方法，通过设计好的问题模板引导你更好地理解一本书，掌握不同类型图书的阅读方法，并在理解的基础上形成自己的观点。此外还有充足的空白记录页，你可以在阅读后自主创设记录项目并记录。我们提供的记录模板每页是独立的，如果一页不够书写，可加附页。记录模板的很多问题是开放性的，没有标准答案，你的每个回答就是珍贵并且独一无二的。记笔记的下一步是写作。我们相信，你在整理这些读书笔记的基础上，会发现写作读后感之类的文章已经很容易了。

邓咏秋　王　媛

2020 年 6 月

目　录

读书的方法

成功的方法有很多种，适合自己的就好。

1. 不必去追求快速阅读法

英国青少年文学作家、《打造儿童阅读环境》的作者艾登·钱伯斯就承认自己是一个阅读很慢的人。阅读需要练习，你会逐渐形成适合自己的阅读速度，从而获得阅读体验。

2. 在教科书之外，宜多读课外书

选入教科书的往往是有代表性的文章，但是在完整系统性方面远不如原书。而且教材的阅读量是很有限的。所以只读教科书的人不能算是一个好的阅读者。林语堂曾说过："今日大学毕业的人所读的书极其有限。然而读一部小说概论，到底不如读《三国》《水浒》，读一部历史教科书，不如读《史记》。"（林语堂《论读书》，见《北大学者谈读书》）

正因为教科书的阅读量很有限，阅读量和能力的训练更多体现在阅读课外书方面。正如鲁迅所说，"应做的功课已完而有余暇，大可以看看各样的书，即使和本业毫不相干的，也要泛览。譬如学理科的，偏看看文学书，学文学的偏看看科学书"。（鲁迅《读书杂谈》，见《北大学者谈读书》）阅读虽然不一定要越多越好，但是如果没有一定的阅读量，不能算一个好的阅读者。

3. 先大略地了解一本书

看看封面、内容提要、目录、序言等信息，了解这本书是一本什么样的书，了解其主要框架。怎样判断一本书的难易程度是否适合你？可以试试"五指法"：打开正文中文字相对较多的一页，读它，每遇到一处因为不能理解而停顿，就竖起一个手指，直至把这一页读完，如果大于等于五个手指，说明这本书可能比较难不适合你。如果只有一个手指，说明这本书很容易，依此类推。最后判断要不要选择这本书来读。

4. 有些书可以跳过一些章节

有些小说前面有冗长的历史背景，可能读起来会比较吃力和枯燥，你可以快读或跳过。如《鲁滨孙漂流记》可以快速跳过前面的背景，读到鲁滨孙漂流到荒岛上的章节。

5. 养成良好的阅读习惯

不读书有很多理由，排第一名的肯定是"太忙没时间"。但朱光潜说过："你能否在课外读书，不是你有没有时间的问题，是你有没有决心的问题。"（朱光潜《给青年的十二封信·谈读书》）没时间阅读的人都是没有养成阅读习惯的人。我们可以从阅读合适的课外书入手，逐渐养成良好的阅读习惯。课外书范围广，古今中外的好书总有一些适合你的。你可以制订一个计划，选定一本或几本感兴趣的书，每天读一章或一篇，每周末做一次阅读笔记。如果你能坚持三周，一个好的阅读习惯就养成了。

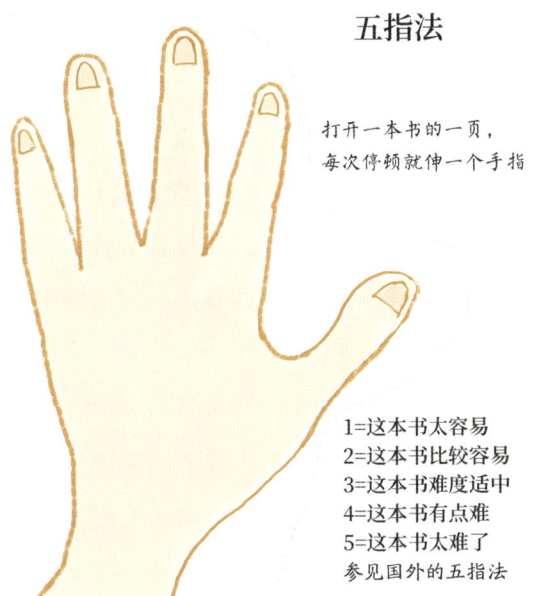

五指法

打开一本书的一页，每次停顿就伸一个手指

1＝这本书太容易
2＝这本书比较容易
3＝这本书难度适中
4＝这本书有点难
5＝这本书太难了
参见国外的五指法

6. 不要一碰到不懂的地方就停下来

《如何阅读一本书》强调，"头一次面对一本难读的书的时候，从头到尾读完一遍，碰到不懂的地方不要停下来查询或思索"。碰到不懂就停下来，会让你的阅读变得断断续续，影响你阅读的兴趣和信心。实际上一本书的内容那么多，有少数不熟悉不理解的字词或背景知识都属正常，忽略这些，你马上就要读到精彩的部分了。如果你因为几个障碍而停止了探索，就永远无法欣赏到后面的美景，岂不可惜？当你完整地阅读之后，再读一遍，根据上下文你也许能够理解之前不懂的词。如果部分词仍然不懂，而且很重要，你可以查阅字典等工具书，记录在读书笔记本上。

7. 了解你所读图书的类型，不同类型的书有不同的读法

按大的学科分类，图书可以分为哲学、社会科学、自然科学等类。社会科学包括经济、政治、法律、文学、艺术、历史等。自然科学包括数学、物理、化学、天文、地理、生物、计算机科学、建筑、交通运输、军事、农学、医学等。了解你所读图书的类型，

随着阅读量的增加，你会触类旁通。

因为文学作品在每个人的阅读需求中都占有很大的比重，所以国际上也常把图书分虚构类（fiction）和非虚构类（nonfiction）作品两类。虚构类作品包括小说、戏剧、诗歌等文学作品。非虚构类作品主要是以传达知识为主要目的的论说性图书（后文简称知识性读物），如科普读物、人文社会科学论著、自然科学论著等。文学作品可以促使你的想象力更发达，知识性图书有助于促进你对世界的理解，增长你的知识，形成自己的见解。

阅读虚构类图书，你要抓住故事的主干：背景、人物、问题、主要情节、结局。具体来说，可以从以下步骤来加深理解：（1）用自己的话概括这本书讲了什么，从故事的情节大意着手，用一两句话来概括主要情节；（2）稍作展开，讲述故事的主要架构，首先……中间经过了什么事，最后的结局是什么；（3）你喜欢或不喜欢这本书，举例或说出理由。

非虚构类图书，你可以给自己提四个问题：（1）从整体看，这本书到底在谈些什么？找出这本书的主要观点；（2）作者列举了哪些事实或理由来支持他的主要观点？（3）这本书说得有道理吗？是全部有道理还是部分有道理？（4）这本书给你带来什么样的知识或启发，你打算怎么做？（参考《如何阅读一本书》）

8. 发动家人和同学一起读并进行阅读讨论

这有助于阅读理解得更深入，同时讨论式的阅读活动相比个人阅读，更有集体活动的乐趣，你可以从中学习分享、倾听、发表自己的见解。

怎 样 选 书？

1. 经过时间检验的经典名著是阅读的首选

为什么这些古老的作品是有价值的？这个话题，哲学家冯友兰已经说得很透彻了：

怎么知道哪些书是值得精读的呢？对于这个问题不必发愁。自古以来，已经有一位最公正的评选家，有许多推荐者向它推荐好书。这个选家就是时间……我们心里觉得奇怪，怎么古人写的东西都是有价值的。其实这没有什么奇怪，他们所作的东西，也有许多没有价值的，不过这些没有价值的东西……在时间的考验上，落了选，被刷下去了。现在我们所称谓"经典著作"或"古典著作"的书都是经过时间考验，流传下来的。这一类的书都是应该精读的书。（冯友兰《我的读书经验》，见《北大学者谈读书》）

针对一些青年非新书不读的情况，美学家朱光潜指出，"许多流行的新书只是迎合一时社会心理"，价值其实有限，"经过时代淘汰而巍然独存的书才有永久性，才值得读一遍两遍以至于无数遍。我不敢劝你完全不读新书……别事都可以学时髦，惟有读书做学问不能学时髦"。"你与其读千卷万卷的诗集，不如读一部《国风》或《古诗十九首》，你与其读千卷万卷谈希腊哲学的书籍，不如读一部柏拉图的《理想国》"。（朱光潜《给青年的十二封信·谈读书》）

2. 根据优秀的推荐书目和获奖书目来选书

国家有关部门、专家学者以及教育机构、图书馆等单位已经发布了很多推荐书目，每年国际国内还有一些获奖书目评选活动。这些推荐书目和获奖书目可供你在不知选何书来读时参考。比如教育部基础教育课程教材发展中心发布的《中小学生阅读指导目录》，该书目是对此前教育部已发布的国家语文课程标准和统编语文教材推荐阅读书目的延伸，向全国小学、初中、高中三个学段学生推荐共 300 种图书，强调不要求全部必读，可供学生按兴趣自由选择，虽然这个书目没有列出具体出版社，但是列出了作者、译者（注者），还是比较方便读者按目找书的。又如亲近母语研究院发布的《中国小学生分级阅读书目》《中国儿童分级阅读书目·幼儿版》，均每年更新一次，而且提供书名、著者译者和出版社等详细的版本信息，便于使用。

在新书方面，有不少获奖书目可供参考。国家图书馆每年评选的"文津图书奖"获奖书目和推荐书目、中国图书评论学会组织评选的"年度中国好书"、深圳读书月"年度十大童书"等获奖书目可供参考。国际上，安徒生奖获奖作家作品（儿童文学）、凯迪克奖（绘本）、凯特·格林纳威奖（绘本）等获奖书目可供参考。

大学生方面，北京大学、清华大学曾分别组织专家为本校学生开列《北京大学学生应读选读书目》《清华大学学生应读书目（人文部分）》，可供大学生和成人阅读参考。1999 年出版的《中国读者理想藏书》（光明日报出版社）在对 80 份中外推荐书目进行统计的基础上，得出被推荐次数最多的中国名著：《诗经》、《史记》、《庄子》、《老子》、《论语》、《韩非子》、《孟子》、《楚辞》、《左传》、《荀子》、《资治通鉴》、《红楼梦》、《周易》、鲁迅作品、《水浒传》、《礼记》、《孙子兵法》；得出被推荐次数最多的外国名著：莎士比亚作品、《圣经》、《对话录》（柏拉图）、《荷马史诗》、《物种起源》、《战争与和平》、《哈克贝利·费恩历险记》、《红与黑》、《草叶集》、《神曲》、《堂吉诃德》、《资本论》、《浮士德》、《社会契约论》、《包法利夫人》、《悲惨世界》、《高老头》、《玩偶之家》。此外，仅统计被外国推荐者推荐次数最多的名著，还有以下几本书很受青睐：《白鲸》、《随笔集》（蒙田）、《卡拉马佐夫兄弟》、《格列佛游记》。

3. 阅读名著时，版本的选择很重要

那些过了版权保护期（比如我国规定作者去世 50 年以上的书，其复制权，含出版权不再受保护）的图书，如四大文学名著、《论语》、《小妇人》等，理论上说，所有出版社都可以出版，每个人都可以来注释或翻译，这些同一作品的不同版本中当然会有良莠不齐的。所以选择好的版本（好的出版社、译者、注者）来阅读就显得非常重要。当代新书因为同一时间通常只能授权一家出版社独家出版，所以就没有不同版本选择的困扰。

如果你在选择版本时有困难，可以参考有关的推荐书目或请教图书馆的阅读推广专业馆员。

中华书局等出版社在古籍今译方面的品质一直是优良的。翻译书方面，人民文学出版社、上海译文出版社、商务印书馆等出版社的品质比较好。全国只有 500 多家出版社，读得多了，你应该也会辨别不同类型的图书，哪些出版社更优秀。

当然你也可以通过阅读作者简介来了解作者的资质，从而判断这个作者写的这本书是否值得你阅读。

4. 同学朋友间、家庭内部互相推荐

在家庭成员间或同学间或读书小组组织读书会、开展相互推荐图书与讨论等集体活动，有助于分享好书，促进阅读。

5. 需要自己去探索

别人的推荐只能参考，做决定的是你自己。

为什么要记笔记？

《如何阅读一本书》指出：你买了一本书，只能说明你从物质财产上拥有了这本书，但是你要真正拥有一本书，让书成为你的一部分，必须"要去写下来"，即记笔记。把你的感想写下来，能帮助你记住作者的思想，在书上做笔记，就是表达你跟作者之间相同或不同的观点。阅读的过程就是思考的过程，你的想法如果不记下来，可能过一阵就不记得了。

朱光潜先生说过，读过一本书，须做笔记，记录一本书的纲要与精彩之处，以及你自己的意见。记笔记不仅"可以帮助你记忆，而且可以逼得你仔细，刺激你思考"（《给青年的十二封信·谈读书》）。他后来又说："记忆力有它的限度，要把读过的书所形成的知识系统，原本枝叶都放在脑里储藏起，在事实上往往不可能。……我们必须于脑以外另辟储藏室，把脑所储藏不尽的都移到那里去。"这种储藏室就是记笔记和写卡片。"记笔记和做卡片有如植物学家采集标本，须分门别类订成目录，有得一件就归入某一门某类，时间过久了，采集的东西虽极多，却各有班位，条理井然。""预备做研究工作的人对于记笔记和做卡片的训练，宜于早下功夫。"（朱光潜《谈读书》，见《北大学者谈读书》）

记录你想到了什么：

怎样记笔记？

1. 在自己的书上画线、记录、做索引

记笔记可以在每页的重点句子下方画下划线；圈出关键词；在页边空白处写下关键词和感想；在书前空白页上做索引，写出标题及所在页码。

2. 如果这本书不是你自己的，你可以用便利贴来记笔记

如果这本书是借来的，你可以一边读，一边在便利贴上写下自己的想法，贴在书上相关文字旁，这样不会中断你的阅读。读完后可撕下来整理到读书记录本中。

3. 从阅读到写作发展

阅读是输入，写作是输出。阅读的过程是思考的过程，思考要用语言表达出来才更长久，否则可能稍纵即逝。阅读时，你可以在书上画线和页边做批注，记录你的想法，在读完后，你可以把自己的想法与收获记到读书记录本上。最后你可以根据你的阅读笔记，写出较长的文章（读后感）。

4. 从阅读写作到研究

出版家、目录学家王云五曾说过：中学生也应该写一本毕业论文。初中生应写一本二三万字的毕业论文，因为做这样的论文，一来须多读书，二来可练习文字，三来可以组织思想。普通学生，可就浅近问题搜罗资料，从事系统叙述。小的话题如北京的鸭子、上海的城隍庙，都可以作为研究的题目。而且题目愈小愈能引起读书的兴趣。

这种方法是指围绕一个问题来阅读多本书，然后形成自己的研究性文章，是一种以研究问题为中心的写作，为了研究而必须去主动阅读多本书，形成自己对某一问题的观点。而且他主张这种研究从小就可以培养，研究问题不拘一格，可以从身边浅近的问题入手。

学者推荐的记笔记方法

1. 胡适推荐的做读书札记的方法

学者胡适曾指出，读书札记分四类：（1）抄录备忘；（2）做提要、节要；（3）自己记录心得；（4）参考诸书，融会贯通，作有系统的著作。

胡适说："发表（包括写下来——编者注）是吸收知识和思想的绝妙方法。吸收进来的知识思想，无论是看书来的，或是听讲来的，都只是模糊零碎，都算不得我们自己的东西。自己必须做一番手脚，或做提要，或做说明，或做讨论，自己重新组织过，申叙过，用自己的语言记述过，——那种知识思想方才可算是你自己的了。"（胡适《读书》，见《北大学者谈读书》）

2. 王力推荐的做读书笔记的方法

（1）摘要做笔记

"现在人们喜欢在书的旁边圈点，表示重要。这很好，但是还不够。最好把重要的地方抄下来。"

（2）做眉批

即在书的天头（上方空白处）加上自己的评论。"看一本书如果自己一点意见都没有，可以说你没有好好看。"可以记录：我觉得这本书什么地方好，什么地方不合适等。王力先生认为做眉批可以帮你更好地吸收书的内容。

（3）写读书报告

王力先生指出：如果你做了笔记，又做了眉批，然后你会发现"读书报告就很好写了"。

（王力《谈谈怎样读书》，见《北大学者谈读书》）

我的阅读记录总表

序号	日期	书名/作者	阅读感受 ☺ ☺ ☹
1			
2			
3			
4			
5			
6			
7			
8			
9			
10			
11			
12			
13			
14			
15			
16			
17			
18			
19			
20			
21			

序号	日期	书名/作者	阅读感受 ☺ ☺ ☹
22			
23			
24			
25			
26			
27			
28			
29			
30			
31			
32			
33			
34			
35			
36			
37			
38			
39			
40			
41			
42			
43			
44			

书名：

作者：

类型：图画故事、小说、人物传记

兴趣指数：☆☆☆☆☆

背景

故事发生在哪？比如时间、地点，当时的情况。

人物

书中有哪些人物？

问题

主角遇到了哪些问题？

解决

怎么解决的？

故事最终的结局是：

书名：

作者：

类型：图画故事、小说、人物传记

兴趣指数：☆ ☆ ☆ ☆ ☆

1. 这本书讲的是什么？（用一两句话概括）

2. 请你来讲这个故事（复述，用自己的话，只讲重要的，按先后顺序，不要讲太多）：

　　首先（或从前），

　　然后，

　　后来，

　　最后，

日期: ● ●

书名: 　　　　　　　　　　　　　　类型: 不限

作者: 　　　　　　　　　　　　　　兴趣指数: ☆ ☆ ☆ ☆ ☆

1. 请你讲讲自己特别喜欢或不喜欢的地方。

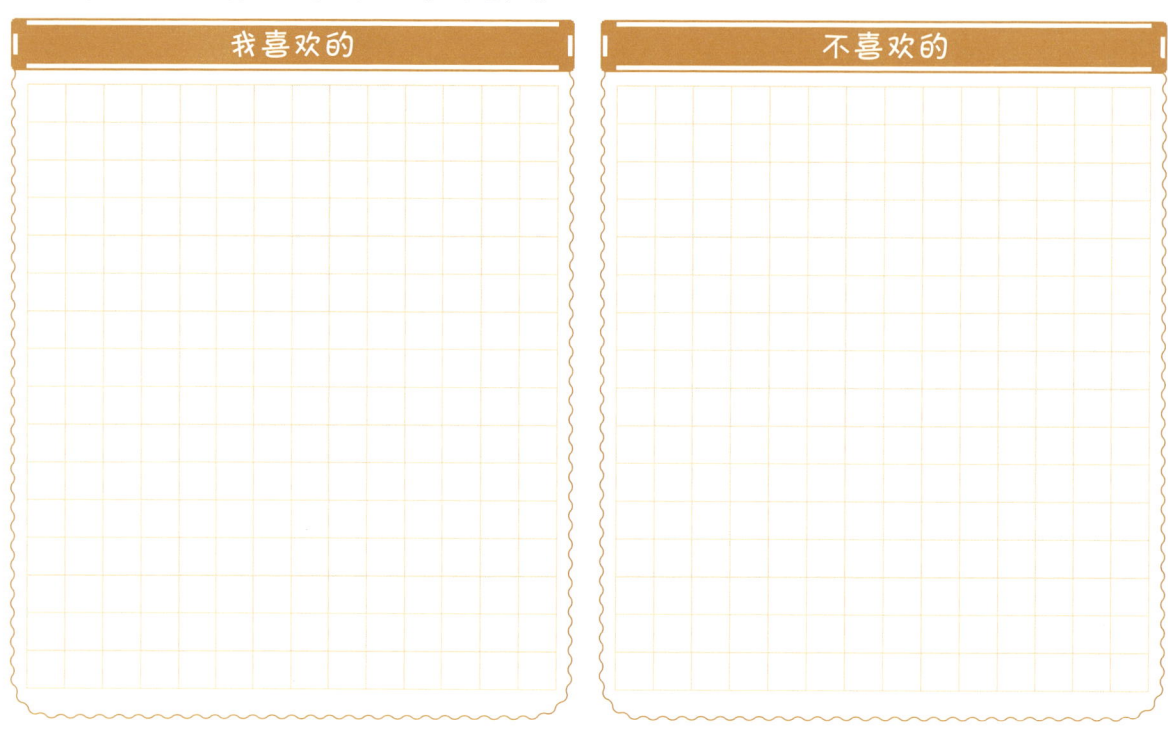

| 我喜欢的 | 不喜欢的 |

2. 你有感到疑惑的问题吗?

3. 你认为: 作者写这本书, 想要告诉我们什么?

4. 你会怎样跟朋友谈这本书呢?

书名：　　　　　　　　　　　　　　　　　　类型：历史小说、人物传记

作者：　　　　　　　　　　　　　　　　　　出版社：

主角是？

背景：请描述这个故事的背景，如时间、地点、当时的文化背景。哪些细节与现在不同？

关键词*

请用一两句话概括这个故事：

主角遇到的主要困难是什么？怎么克服的？

你的思考：主角有哪些性格特点？书中哪些内容是你喜欢读的？有没有你不喜欢的？有没有让你觉得困惑不解的？

你从这个故事中学习到了什么？

---

* 用一个或多个词来概括这本书的主题，比如勇敢、友谊、亲情、环保等。

日期： · ·

书名： 类型：知识性读物

作者： 出版社：

关键词

作者的主要观点是：

文中有哪些支持这个观点的理由和细节（可逐条列出）：

（1）

你读过相关的书吗？

这本书讲的是真的吗？说说你的理由。

这本书对你有什么帮助？如学会了哪些新知识？打算采取什么行动？

书名：　　　　　　　　　　　　　　　　类型：知识性读物

作者：　　　　　　　　　　　　　　　　出版社：

| 关键词 | |

作者的主要观点是：

文中有哪些支持这个观点的理由和细节（可逐条列出）：

（1）

关于作者，你了解哪些信息？

你的思考：根据作者背景，你认为作者是否有足够的资质来写这本书？作者的视角是否有不全面的地方？是否有你不完全同意的观点？是否有让你觉得疑惑的内容？

日期： · ·

书名：   类型：诗歌、散文、古文

作者：   出版社：

这是怎样一本书？

你最喜欢哪几篇？ 拿一篇举例，它的主题和情节大意是什么？

摘录你喜欢的诗句和段落（可逐条列出），标明页码，并大声读出来：

（1）

多诵读几遍，你还有哪些不懂的地方吗？ 你想到了什么？

阅 读抒情诗有三个规则：一是不管懂不懂，一口气读完，不要停，以理解整体大意。二是重读一遍，大声朗读。三是不需要了解太多背景，你要做的就只是读它，一遍又一遍地读。（参考［美］艾德勒，范多伦著；郝明义，朱衣译：《如何阅读一本书》，商务印书馆2004年，199-203页）

记 住 新 词

通过阅读，你学习到的新词有哪些？根据上下文或通过查资料来弄清它在文中的意思，记在这里，在发言和写作中试着运用这个词。

词语	释　义	词语	释　义

上述新词来自哪些书？

要想恰当地表达对一本书的读书心得，最好从一个自己能掌握的精彩片断切入。——［英］钱伯斯著；蔡宜容译：《说来听听：儿童、阅读与讨论》，北京联合出版社2016年，72页

阅读，如果是主动的，就是一种思考，而思考倾向于用语言表达出来——不管是用讲的还是写的。一个人如果说他知道他在想些什么，却说不出来，通常是他其实并不知道自己在想些什么。……将你的感想写下来，能帮助你记住作者的思想。——［美］艾德勒，范多伦著；郝明义，朱衣译：《如何阅读一本书》，商务印书馆2004年，45-46页

子曰："三军可夺帅也，匹夫不可夺志也。"——钱逊解读：《论语》（中华传统文化百部经典），
国家图书馆出版社2018年，242页

书中有好些话正是针对我们的境遇而说的，如果我们真正倾听了，懂得了这些话，它们之有利于我们的生活，将胜似黎明或阳春，很可能给我们一副新的面目。——［美］梭罗著；徐迟译：《瓦尔登湖》，上海译文出版社1982年，100页

人不是为失败而生的，一个人可以被毁灭，但不能给打败。——［美］海明威著；吴劳译：《老人与海》，上海译文出版社2009年，99页

古今之成大事业、大学问者，必经过三种之境界："昨夜西风凋碧树。独上高楼，望尽天涯路"，此第一境也。"衣带渐宽终不悔，为伊消得人憔悴"，此第二境也。"众里寻他千百度，回头蓦见，那人正在灯火阑珊处"，此第三境也。——王国维著；陈永正注评：《人间词话》，上海：上海古籍出版社2016年，28页

蹉跎莫遣韶光老，人生惟有读书好。读书之乐乐何如，绿满窗前草不除。 ——宋末元初诗人翁森《四时读书乐》

我总是告诉别人，我成为作家并不是因为我上过学，而是因为我妈妈带我去了图书馆。我想成为作家，是因为我想看到我的名字出现在卡片目录上。 ——美国作家、诗人桑德拉·希斯内罗丝（Sandra Cisneros）之语，见《图书馆名言集》，国家图书馆出版社2013年，85页

古今中外都有一些爱书如命的人。我愿意加入这一行列。——季羡林：《我和书》，见《北大学者谈读书》，北京图书馆出版社2002年，155页

日期:　　·　　·

参 考 文 献

[1] 朱光潜著：《给青年的十二封信》，北京：开明出版社，1996

[2] 肖东发，杨承运编：《北大学者谈读书》，第2版，北京：北京图书馆出版社，2002

[3] ［美］艾德勒，范多伦著；郝明义，朱衣译：《如何阅读一本书》，北京：商务印书馆，2004

[4] 邓咏秋，李天英编：《爱上阅读》，武汉：武汉大学出版社，2007

[5] ［英］钱伯斯著；蔡宜容译：《说来听听：儿童、阅读与讨论》，北京：北京联合出版社，2016

[6] ［美］塞拉瓦洛著；刘静，高婧娴译：《美国学生阅读技能训练》，北京：北京科学技术出版社，2018